ÉLOGE

DU

COMTE A. DE FALLOUX

PAR L'ABBÉ O. DELARC

Professeur de rhétorique au petit Séminaire de Bordeaux

DISCOURS

PRONONCÉ A LA DISTRIBUTION DES I

Le 4 Août 1886

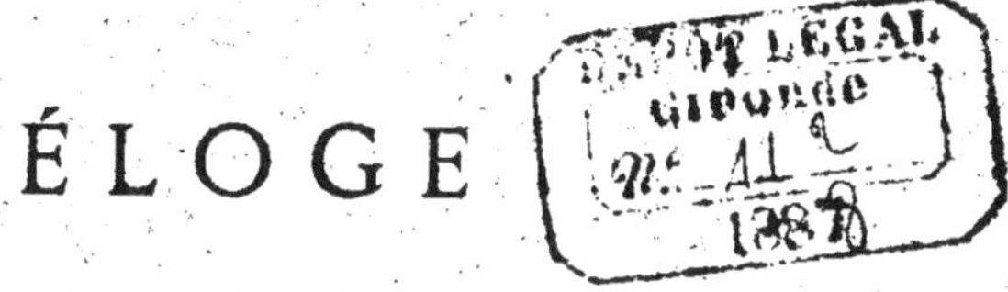

BORDEAUX

IMPRIMERIE GÉNÉRALE D'ÉMILE CRUGY

16, rue et hôtel Saint-Siméon, 16

Succr : Mme veuve RIFFAUD, née CRUGY.

1888

ÉLOGE

DU

COMTE A. DE FALLOUX

ÉLOGE

DU

COMTE A. DE FALLOUX

Par l'Abbé O. DELARC

Professeur de rhétorique au petit Séminaire de Bordeaux

DISCOURS

PRONONCÉ A LA DISTRIBUTION DES PRIX

Le 4 Août 1886

BORDEAUX

IMPRIMERIE GÉNÉRALE D'ÉMILE CRUGY

16, rue et hôtel Saint-Siméon, 16

Succr : Mme veuve RIFFAUD, née CRUGY.

1888

DEDIÉ A M. C. A.

A l'époque où ce discours fut composé, les Mémoires d'un royaliste, *déjà annoncés, n'avaient pas encore commencé à paraître. Nous ne pouvions songer à publier notre petit travail avant de savoir si ces* Mémoires, *en présentant certains faits, certaines questions sous un jour nouveau, ne nous imposeraient pas quelques légers remaniements. La publication intégrale de cet intéressant ouvrage ayant eu lieu récemment, désormais pleine lumière est faite. D'ailleurs, le magistral discours du duc de Broglie à la séance de l'Académie française du 19 janvier dernier vient de rappeler heureusement l'attention sur le comte de Falloux, et, à notre avis, il n'est jamais trop tard pour payer la dette du cœur à ces vaillants qui nous ont conquis, au prix de tant de luttes, la grande loi d'affranchissement de 1850.*

ÉLOGE

DU

COMTE A. DE FALLOUX

Par l'Abbé O. DELARC

Professeur de rhétorique au petit Séminaire de Bordeaux

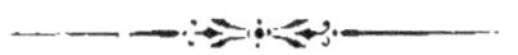

DISCOURS

PRONONCÉ A LA DISTRIBUTION DES PRIX

Le 4 Août 1886

Monseigneur (1),

Messieurs,

Le grand chrétien dont nous voudrions essayer de retracer brièvement la carrière a eu le suprême honneur de remporter la plus haute récompense à laquelle un soldat du Christ puisse aspirer ici-bas, avant d'aller recevoir des mains du souverain Juge la couronne impérissable. Dans une circonstance solennelle, il a pu entendre l'oracle vivant des consciences catholiques déclarer à la face de l'univers qu'il avait dignement et magnifiquement servi l'Église.

Ce fut à l'occasion de son troisième pèlerinage à la ville éternelle. Il y était allé une première fois, jeune encore, sous Grégoire XVI, une seconde fois sous Pie IX, qui le combla-

(1) Sa Grandeur M⸢gr⸣ Guilbert, archevêque de Bordeaux.

des distinctions les plus flatteuses. Il y revint enfin, une dernière fois, un an avant sa mort, sous le pontificat du pape actuel, si glorieusement régnant. Or, Léon XIII, après avoir célébré une messe pour les Cercles catholiques d'ouvriers, messe à laquelle, par l'intermédiaire de Mgr Langénieux, il avait spécialement invité l'illustre pèlerin, Léon XIII lui-même, plaçant sur sa poitrine cette main vaillante qui avait livré tant de combats pour les causes saintes, dit à son entourage d'une voix ferme : « *J'ai été très content de voir le comte de Falloux, c'est un bon, c'est un grand serviteur de l'Église* ».

Si nous avions commis quelque témérité en choisissant un tel homme pour sujet de cet éloge, et, par suite, si nous avions besoin de quelque excuse, nous osons penser que celle que nous venons d'alléguer serait de nature à désarmer les critiques les plus ombrageux. Mais à quoi bon se justifier, quand on ne se sent point coupable ? Aussi, bien que nous réclamions toute votre indulgence pour l'orateur, nous croirions, Messieurs, vous faire injure, après le souvenir que nous venons d'évoquer, si nous la sollicitions pour le sujet lui-même.

Mais la mort de M. de Falloux n'a pas été seulement un deuil pour l'Église, elle a été aussi un deuil pour la France. Ce grand chrétien fut un grand patriote. C'est même le caractère propre et particulièrement glorieux de la vie de ce noble athlète, que ce qu'il a fait pour son pays a presque toujours été utile aux intérêts de sa foi, et, d'autre part, qu'il n'a jamais mieux travaillé pour la France que lorsqu'il a travaillé pour l'Église. Telle est, nous l'espérons du moins, Messieurs, la double impression que vous laissera cette courte étude.

Nous ne saurions vous exprimer, Monseigneur, combien nous sommes heureux de vous voir au milieu de nous. Au

bienfait de votre présence, vous ajouterez, nous en sommes
certain, celui de vouloir bien écouter ce discours avec votre
indulgence habituelle. Du reste, il n'y sera question, de la
première ligne à la dernière, que des droits sacrés des consciences chrétiennes, des libertés de l'Église, de l'honneur
vrai de la France, choses que vous aimez avec passion et
que vous défendez depuis tant d'années avec un dévouement
infatigable, avec une indépendance si glorieuse pour votre
caractère, et tant par la plume que par la parole, avec une
si généreuse éloquence.

I

Frédéric-Alfred-Pierre, comte de Falloux, naquit à Angers,
le 7 mai 1811, d'une famille illustrée dans la région par son
héroïque attachement à la monarchie et par le sang qu'elle
versa pour cette grande cause, mais tardivement promue à
l'honneur suprême du blason. Ce n'est, en effet, que le
30 octobre 1830 que Dupont de l'Eure, garde des sceaux,
en vertu d'un décret de noblesse préparé par Charles X dès
1825, contresigna les lettres patentes qui érigeaient en
majorat les biens faisant partie de la terre de la Meignan-
nerie, en faveur du père de M. de Falloux, Guillaume-
Frédéric Falloux, chevalier de Saint-Louis, ancien combattant
de Quiberon. Le titre de comte était attaché au majorat.

Le jeune Alfred, comme Charles de Montalembert et tant
d'autres de ses futurs compagnons d'armes, eut le bonheur
d'être initié à la vertu par les exemples et les leçons d'une
mère fortement chrétienne. Ajoutons qu'à la fermeté des
convictions elle joignait une grâce captivante. Son fils, dès
ses plus jeunes ans, gardera comme la double empreinte de
cette virile et douce nature. Il aura dans le cœur une foi qui

ne cédera jamais, et dans toute sa personne, dans son commerce, une espèce de charme attirant et impérieux auquel ses adversaires les plus acharnés s'étonneront eux-mêmes de céder bien souvent.

Placé à un âge encore tendre au collège d'Angers, il n'y demeura que jusqu'en cinquième. C'est à Paris, au Lycée Bourbon, qu'on l'envoya poursuivre et terminer ses études, qui, sous presque tous les rapports, furent sérieuses et brillantes (1). Sur les bancs de l'école, il se montra ce que nous le verrons bientôt sur les bancs de nos Assemblées délibérantes, plein d'amabilité et de courtoisie, mais extrêmement prompt à la riposte, en même temps que passablement amer dans les représailles. Un jour qu'il récitait son chapelet, un camarade protestant se permit de l'interrompre par des moqueries agaçantes. Le jeune catholique se borna d'abord à réfuter le railleur par une de ces attitudes particulièrement dédaigneuses dont il possédait déjà le secret. A la fin, n'y pouvant plus tenir, il lui jeta son encrier au visage en prononçant ces paroles du *Pater : « Et dimitte nobis debita nostra sicut et nos dimittimus »*. Mais à peine le projectile était-il arrivé à destination qu'il fut aux regrets d'avoir si peu charitablement fait tout son possible pour qu'il y parvînt. Il court à son camarade, l'embrasse et lui offre ses excuses. Celui-ci, touché, lui offre les siennes, ce qui amena bonne et durable paix entre les deux parties (2). Au reste, il dissimulait si peu ses convictions religieuses que ses condisciples l'appelaient en riant *« le saint »*. On assure même qu'il eut quelque temps la pensée d'entrer dans les ordres, comme

(1) Il éprouvait une répugnance à peu près insurmontable pour les mathématiques. V. « Mémoires d'un royaliste », dans le *Correspondant* du 25 janvier 1887, p. 202.

(2) V. l'*Union de l'Ouest* du 10 janvier 1886.

son frère le cardinal (1), et c'est sans doute pour obéir à ce
rêve un moment caressé qu'il se livra, sous la direction d'un
prêtre éminent, l'abbé Denais, vicaire général d'Angers
(quelque peu son parent), à l'étude des Pères et des Annales
ecclésiastiques. Labeur toujours opportun certes, et qui,
comme nous ne tarderons pas à le voir, ne demeura pas
sans fruits. Mais la Providence destinait ce jeune et vaillant
chrétien à un autre apostolat.

Un homme public, un homme d'État, surtout à notre
époque, qui n'aurait voyagé durant sa jeunesse qu'à travers
les livres, ne courrait-il pas le danger grave de n'envisager
les choses de son temps qu'à travers le prisme des systèmes
et des symboles ? Comme s'il avait eu déjà le pressentiment
des hautes destinées qui l'attendaient, le futur ministre, ses
humanités achevées, avait parcouru l'Europe entière, ob-
servant à chaque pas d'un œil pénétrant les institutions, les
lois, les mœurs, et il avait eu l'art d'y nouer des relations
précieuses avec les plus illustres représentants de la politique
et des lettres (2).

Connaître son siècle, ses aspirations, ses besoins, mesurer
d'avance les arènes où s'engageront les grandes luttes, c'est
beaucoup sans doute, mais ce n'est pas assez pour assurer
la victoire. Avant d'entrer en lice, il faut encore s'adjoindre
des frères d'armes, s'exercer avec eux au maniement du
glaive, préparer de longue main les attaques décisives.

Ces exigences, qui s'imposent aujourd'hui plus que jamais
à toute carrière militante, M. de Falloux les avait bien
comprises, lorsque, avec le concours de plusieurs nobles amis,

---

(1) « Mémoires d'un royaliste », *Correspondant* du 25 janvier 1887.

(2) Il rencontra en Angleterre le futur duc de Persigny, qui lui fit cette
curieuse prédiction : « Monsieur, le prince Napoléon régnera, et vous ferez
partie de son premier ministère ». « Mémoires d'un royaliste », *Correspondant* du 25 février 1887, p. 597.

Albert de Rességuier notamment, il organisa comme un tournoi préparatoire aux batailles imminentes, cette espèce de conférence Molé catholique, où nous pouvons saluer déjà à leur éclatante aurore quelques-uns des plus généreux tenants de nos grandes causes chrétiennes, Charles et Henry de Riancey, de La Rochejaquelin, Pastoret, de Genoude, Berryer, qu'il appellera plus tard « *le flambeau de sa vie* », Montalembert. Noviciat laborieux où on s'essayait de temps en temps à la tactique sans doute, mais où on faisait surtout de l'escrime. On y fourbissait avec l'enthousiasme des preux ces lames qui allaient porter des coups si meurtriers au monopole universitaire et décider le triomphe de 1850.

M. de Falloux eut donc la rare fortune d'entrer dans la vie publique escorté d'amitiés illustres. Ajoutons qu'il avait épousé Mlle de Caradeuc, qui descendait du célèbre Louis-René de Caradeuc de La Chalotais, procureur général au Parlement de Bretagne.

Mais de quel prix seraient les distinctions qu'autrui projette sur nous, si nous manquions de celle qui est à la fois la plus vraie et la plus haute, celle qui émane, qui jaillit de notre propre fonds? A ce point de vue encore, M. de Falloux ne fut-il pas servi à souhait? Taille élevée, tête légèrement oblongue, exquise d'acuité et de finesse, chevelure blonde, œil bleu, nez délicatement cambré, noble et ironique comme celui des Valois, la plus aristocratique de nos races royales, geste plein de charme, suprême urbanité dans les manières, goût passionné pour les arts, poussé pour la musique jusqu'à l'adoration, telles étaient, à grands traits, les causes concourantes de l'espèce de fascination magique qu'exerçait autour de lui ce type achevé de l'homme du monde, et, comme on l'a dit, du « *patricien de la tête aux pieds* ».

« Lorsque, à l'Assemblée nationale, je me heurtais à des

contradicteurs trop prévenus contre M. de Falloux, racontera plus tard M. Audren de Kerdrel, je les priais simplement de m'accorder avec lui dix minutes d'entretien, et je n'ai pas souvenir, ajoutera-t-il, d'avoir jamais vu quelqu'un persister dans son antipathie » (1).

On devine avec quelle faveur marquée et quelles flatteuses avances on dut accueillir dans les cercles élégants de la capitale cet intéressant gentilhomme, qui joignait à une culture de fond si soignée des qualités extérieures si attrayantes. Mais notre jeune catholique n'était pas de ces âmes fragiles que rassasie et enivre, en les endormant dans une stérile admiration d'elles-mêmes, l'encens des adulations mondaines. C'est par des ambitions autrement relevées qu'il se sentait poussé dans les batailles de la vie.

Au milieu de toutes ces royautés plus ou moins bruyantes de la politique, de la fortune, ou de la littérature, qui se disputaient parmi l'enthousiaste jeunesse d'alors d'éphémères hommages, il en distingua bientôt une qui lui sembla au premier coup d'œil éclipser ses rivales, et par la nature transcendante de l'influence qu'elle exerçait dans une sphère d'élite, et par le prodigieux rayonnement d'intelligence et de bonté qui paraissait être l'unique secret de son extraordinaire prestige. Le sceptre de cette souveraineté délicate, qui est de celles dont on exige autant de tact que de supériorité vraie, c'était une femme qui le tenait, mais une femme qui possédait au plus haut degré l'art si rare de ne pas plus le faire peser sur autrui qu'il ne lui pesait à elle-même.

Elle avait vu le jour sur les bords glacés de la Moskowa, mais par l'esprit et par le cœur, comme elle était chaudement française ! Arrachée jeune encore à l'étreinte du schisme grâce au concours manifeste de l'action divine et d'une volonté droite qui n'avait pas reculé, pour arriver à la conquête de la vérité, devant le labeur d'immenses recherches, puis comme portée par l'élan d'une conversion ardente, en même temps que par l'élévation naturelle de son âme, jusqu'aux plus hauts sommets de la vie chrétienne, elle avait accepté sans déplaisir les providentielles disgrâces qui lui avaient offert l'occasion d'émigrer sous un ciel plus clément à sa foi nouvelle, et de se mêler à un monde où, mieux comprise, elle pourrait inaugurer et poursuivre en paix la réalisation de son magnifique rêve : « *Rapprocher de son Dieu tout ce qui se rapprocherait d'elle* » (1). Et certes, l'intelligence et la vertu mises au service de la plus noble des causes lui gagnèrent-elles jamais de plus purs et de plus illustres courtisans ? Cette femme éminente, vous l'avez déjà nommée, c'était Mme Swetchine.

Ce n'est pas que dans les salons désormais célèbres de la rue Saint-Dominique, on ne rencontrât invariablement que des chevaliers de la même idée. Tous les partis, toutes les opinions y avaient libre accès. Des régions sereines où planait celle qui fut durant trois ou quatre régimes l'âme, nous allions dire l'idole de cette société quelquefois mêlée, quoique toujours choisie, descendaient à flots sur les discussions et les dissidences, avec ce large courant d'idées chrétiennes dont elle fut jusqu'à la fin comme une source perpétuellement débordante, l'esprit d'équité, qui n'exagère rien, et l'esprit de charité, qui excuse et qui apaise tout.

Et cependant, malgré l'aspect quelque peu composite de la légion de fidèles qu'un même sentiment d'affectueuse admiration y faisait affluer, l'hôtel de Mme Swetchine n'en était pas

---

(1) C'était la devise familière de cette noble femme. V. *Madame Swetchine, sa vie et ses œuvres,* par le comte de Falloux. t. I, p. 320.

moins, à proprement parler, un foyer très intense et très ir-
radiant d'expansion catholique. Où furent-elles débattues avec
un intérêt plus passionné, les questions si graves dont la polémique irritante du *Journal l'Avenir* saisissait à chaque instant
son immense et tumultueux auditoire? Et les témérités doc-
trinales que l'on sait, où les avait-on pressenties avec une
anxiété plus vive? Enfin, quand retentit le coup de foudre
du 15 août 1832, qui détermina la terrible catastrophe, où
versa-t-on de plus douloureuses larmes?

C'est qu'elle était une mère aussi, cette reine, et quelle
mère! L'anathème avait à peine dispersé les combattants de
la petite, mais à jamais illustre phalange dont le chef devait
sitôt, hélas! sombrer dans l'abîme, qu'on la vit poursuivre
de son inquiète et obstinée tendresse, sur toutes les voies
où les avait jetés la tempête, ceux de ses jeunes et chers
fidèles que leur hardiesse, dans le feu de l'action, avait
d'autant plus compromis qu'ils comptaient parmi les plus
grands et les plus intéressants compagnons d'armes du fa-
rouche vaincu.

L'un, type achevé, s'il en fut, du preux non moins droit
que vaillant, mais frémissant encore des ardeurs de la mêlée,
et mal remis de ses blessures, elle l'accompagnera jusqu'en
Allemagne, l'adjurant de rester ferme et simple dans sa foi,
pour le ramener bientôt de Marbourg, apaisé par les émo-
tions pieuses qu'avait éveillées en lui « *la chère Sainte* », et
retrempé pour une nouvelle prise d'armes à laquelle ne de-
vaient manquer, cette fois, ni la tactique ni le succès.

C'est avec une sollicitude non moindre qu'elle s'achemi-
nera, aux côtés de l'autre, vers la retraite résignée où l'humble
vertu du prêtre enchaîna, sans qu'on entendît un murmure,
la fougue bouillante du tribun, pour le préserver des pensées
décourageantes et l'exhorter à mûrir ses forces sous l'action
doublement fécondante de la solitude et de la science.

Ce n'est pas tout. Comme si elle avait vu poindre au-dessus de ce front prédestiné l'aurore des gloires prochaines, nul ne se multiplia plus généreusement qu'elle pour dissiper les obstacles sous le poids desquels la sottise ou la malveillance conjurées se flattaient de comprimer dès son essor cette éblouissante carrière. Et ce sera presque en entier son œuvre que cette entrevue à jamais bénie où Mgr de Quélen, fixant sur le jeune abbé Lacordaire un regard affectueux et grave, lui adressa ces paroles, qui le firent pâlir et reculer d'effroi : « Monsieur l'Abbé, je vous donne la chaire de Notre-Dame, et dans six semaines, vous prononcerez votre premier discours » (1).

Telle est, esquissée à grands traits, la physionomie de la société à laquelle se mêla très intimement M. de Falloux à peu près à l'époque où, sous l'impulsion de celle qui en était le centre, se réorganisaient les éléments qui allaient rentrer en ligne pour effectuer le magnifique mouvement de 1840.

Quel bras, quelle tête, au besoin, la nouvelle recrue pourrait offrir à la cause commune, on ne tarda pas à le comprendre. Quant à Mme Swetchine, c'est presque à première vue que son regard pénétrant devina le haut rôle qui allait échoir, dans la prochaine levée de boucliers, à cet esprit aussi ferme qu'éminent, et grâce à l'empire à peu près irrésistible qu'elle savait exercer, lorsqu'il s'agissait de décider une vocation, sur les intelligences même les plus indépendantes de son illustre clientèle, elle l'orienta doucement, mais sûrement, vers cette perspective.

Au reste, elle parait n'avoir pas eu moins de goût pour la personne de M. de Falloux que d'estime pour son talent, puisqu'elle lui fit l'honneur de le désigner pour être son exécuteur testamentaire.

____

(1) *Madame Swetchine, sa vie et ses œuvres.* t. I, p. 363.

Hâtons-nous de le dire, celui qui, dans un tel milieu et de la part d'un tel juge, se voyait déjà l'objet d'une telle considération, n'était pas homme à s'imaginer que les dons de la nature et de l'éducation fussent des titres qui suffisaient à la justifier. Aussi avait-il eu à cœur de s'en créer d'autres.

Nous voulons parler, en premier, lieu de sa belle *Histoire de Louis XVI*. On sait que Mme de Soucy, sa grand'mère, sous-gouvernante des enfants de France avec Mme de Tourzel, avait partagé la captivité des augustes prisonniers du Temple, et qu'elle fut chargée plus tard de conduire la fille de l'infortuné monarque en Allemagne, lorsque la Convention l'échangea contre un certain nombre de ses membres. Quel rare bonheur pour un écrivain habile que la proximité d'une pareille source !

Mais ce n'était là que le premier essai d'une plume qui donna peu après sa pleine mesure dans la vie de saint Pie V, tableau complet de ce qu'était la papauté d'alors comme puissance temporelle et comme suprématie spirituelle.

C'est avec une extrême habileté que l'auteur essaie d'expliquer dans cet ouvrage l'intolérance des siècles de foi, jusque-là (mais serons-nous cru sur parole ?), que dans son pieux héros, il n'admire pas moins l'inquisiteur que le pontife.

Pour conclure, disons que l'œuvre est de premier ordre, sinon par le mouvement historique, que ne comportait pas la nature du sujet, du moins par l'art de la composition et par les qualités de style.

Il y avait, certes, quelque crânerie à planter aussi bruyamment son drapeau à la fois sur le terrain politique et religieux. Mais comme ceux qu'irritait le plus cette double affirmation hautaine de principes, n'osaient pas nier qu'elle ne s'autorisât d'une double preuve de talent, le succès parut d'autant plus vif, qu'en soulevant les colères de quelques-uns, le jeune polémiste avait réussi, chose qui arrive si rarement, à forcer l'admiration de tous.

Bref, l'athlète était prêt ; on savait, à ne s'y pas méprendre, et ce qu'il pouvait et ce qu'il voulait. Il ne manquait plus qu'une occasion pour le précipiter dans la lice.

II

Nous rougissons presque d'avoir usé d'un terme aussi chevaleresque pour désigner une chose qui l'est si peu : une arène électorale. Car c'est aux élections du 2 août 1846 que M. de Falloux, cédant aux vives instances de ses amis, sollicita les suffrages du collège de Segré. Envoyé à la Chambre avec une majorité très honorable, il ne tarda pas à s'y faire remarquer, en particulier par un excellent discours en faveur de l'uniformité de la taxe postale qui mit en plein relief son talent de parole et la largeur de ses idées économiques (1).

Après la Révolution de février, il fit aussi partie de l'Assemblée constituante, et c'est à partir de ce moment que s'ouvre pour ce vaillant défenseur de l'Église la période vraiment féconde et vraiment glorieuse.

On se rappelle assez quels effrayants orages vit éclater dans son sein la société de cette époque tourmentée. Peut-être la Providence permit-elle que le futur ministre de ses desseins fût comme jeté, à peine sorti du port, en pleine tempête, afin que, soumis incontinent à la complexe et délicate épreuve d'affreux périls à braver et d'extrêmes difficultés

---

(1) V. *Discours et mélanges politiques*, par le comte de Falloux, t. I, p. 21.

à résoudre, il y parût tout d'un coup non moins grand par le caractère que par la sagesse politique, et déjà mûr, malgré sa jeunesse, pour une tâche qui eût, à juste titre, effrayé des vieillards.

Quel est, dans cette néfaste journée du 15 mai, au moment où les bandes d'Huber et de Sobrier, avec leurs soixante-dix bannières, hideux symboles de l'anarchie, pénètrent de vive force dans l'enceinte de l'Assemblée, ce député qui se dresse non loin de Lamartine, comme lui superbe de courage et d'indignation, en face de l'émeute triomphante (1)? Et le 23 juin, jour non moins sinistre, quel est cet orateur qui, après avoir proposé à plusieurs reprises les mesures les plus propres à conjurer la crise sanglante où devait fatalement aboutir la stupide organisation des *Ateliers nationaux*, monte froidement à la tribune, au milieu des vociférations de la Montagne, pour réclamer le licenciement de cette effroyable armée du désordre? C'est notre jeune représentant du Maine-et-Loire (2).

Il est trois heures de l'après-midi lorsqu'il commence à lire son Rapport, et depuis cinq heures, on entend gronder dans les rues de Paris le canon de la guerre civile.

Si le parti de la loi succombe, il ignore moins que personne, le généreux Rapporteur, quelle sera, dans la Chambre, la première victime. Qu'on nous parle moins à tout propos des hommes de Plutarque. En voilà un que les événements pourront porter plus haut, mais qu'ils ne feront jamais plus grand !

A cette intrépidité froide et toujours maitresse d'elle-même s'ajoutaient, d'ailleurs, chez M. de Falloux d'autres qualités oratoires de première valeur. Il avait le geste éloquent et

(1) V. Gabourd, *Histoire contemporaine*, t. VII, p. 238, 239, sqq.
(2) V. Gabourd, *Histoire contemporaine*, t. VII, p. 258, 259, sqq.

mesuré, le trait incisif, la riposte foudroyante, le don de l'ironie hautaine, et l'art des allusions amères.

Qui ne se rappelle son accablante apostrophe à Jules Favre? « L'injure subit la loi même des corps physiques, et n'acquiert de gravité qu'en proportion de la hauteur d'où elle tombe » (1). Et cette autre à un député radical : « Apprenez, Monsieur, que la France ne veut ni des hommes qui ne sont capables de rien, ni des hommes qui sont capables de tout » (2).

La prépondérance parlementaire qu'avait acquise à M. de Falloux une supériorité si précoce le désigna naturellement au choix du prince Louis Napoléon dès son avènement à la Présidence, et Odilon Barrot fut chargé de lui offrir le portefeuille de l'Instruction publique et des cultes. Mais le jeune député, qui n'avait rien fait pour aller au-devant de l'honneur qu'on lui proposait, fit tout, nous le savons, pour s'y dérober, alors que c'était l'honneur, pourtant, qui venait au-devant de lui. Les sollicitations amicales de Mme Swetchine elle-même ne l'auraient pas fléchi; et ses scrupules ne cédèrent qu'en présence de l'énergique intervention de l'abbé Dupanloup, qui s'était mis littéralement à sa poursuite à travers Paris, pour lui remontrer que la parole d'un ministre résolument catholique ne serait pas sans quelque poids dans les conseils où allaient s'agiter à bref délai le sort du pouvoir temporel et l'avenir de l'enseignement chrétien dans la société française.

« L'abbé Dupanloup m'a fait ministre malgré moi, a-t-il raconté dans une charmante page détachée de ses *Mémoires*, je l'ai fait évêque malgré lui ». Nous osons penser que la

---

mémoire du grand évêque n'aura pas plus à souffrir de la violence qu'il a commise que de celle qu'il a subie (1).

Toutefois, M. de Falloux ne s'était résigné qu'après s'être assuré par une garantie formelle, le puissant concours de M. Thiers pour mener à bien un projet de loi relatif à la liberté de l'enseignement, dont il s'était promis de saisir prochainement l'Assemblée.

Le nouveau ministre, qui, du reste, ne s'était rallié à la forme républicaine qu'avec de fortes réserves, ne dissimulait certes pas ses tendances royalistes, mais au moment où il prit possession de sa haute charge, il paraît surtout avoir eu à cœur, comme le lui conseillait dans une lettre émue le Père Lacordaire, de restaurer dans les âmes « *la monarchie du bien et de la justice* » (2).

Ce qu'a été chez nous, durant la première moitié du siècle, le régime légal de l'enseignement, tel que l'avaient institué les décrets de l'Empire, nul ne l'ignore : le monopole à tous les degrés. L'article 69 de la nouvelle charte de 1830 avait, il est vrai, expressément promis aux Français qu'une loi libérale les affranchirait prochainement de l'inique étreinte. Mais la première année du règne s'était écoulée sans qu'il cessât d'être extrêmement périlleux, même pour des hommes comme l'abbé Lacordaire et Montalembert, d'exercer, en se réclamant des libertés jurées, l'humble profession de maître d'école. Et lorsque, seize ans plus tard, M. de Salvandy, s'inspirant, mais avec une excessive timidité, du large esprit de la Charte et des exigences tous les jours plus pressantes de l'opinion, fit nommer une Commission, pour lui confier l'examen de son très imparfait projet de loi en ma-

(1) V. les plus curieux détails dans l'intéressante brochure intitulée *L'Évêque d'Orléans, passim* (Détachée des Mémoires).

(2) V. *L'Évêque d'Orléans*, p. 28.

tière d'instruction secondaire, ce n'était plus l'heure. Déjà grondait à l'horizon le formidable ouragan qui allait emporter avec la Monarchie de Juillet les frêles espérances qu'avait éveillées dans les cœurs chrétiens son tardif libéralisme.

Ce n'est pas à dire que l'Église ait perdu grand'chose à l'écroulement d'un trône dont elle ne s'était jamais tenue trop près, et qui, de son côté, s'était bien rarement rapproché d'elle. Bien au contraire, aux égards inattendus dont elle se vit l'objet durant la catastrophe même, elle put mesurer la popularité que lui avaient peu à peu conquise et l'extrême réserve dont elle avait cru devoir user vis-à-vis du Pouvoir et l'extrême froideur dont le Pouvoir, à son tour, ne lui avait pas ménagé les marques. Cette faveur que l'Église recouvrait après l'avoir depuis si longtemps perdue parmi les masses populaires, elle la devait avant tout à la haute sagesse de l'épiscopat, mais aussi à l'habile manœuvre d'un groupe de catholiques éminents, qui, après 1830, avaient énergiquement travaillé, chacun dans sa sphère, le Père Lacordaire et le Père de Ravignan à Notre-Dame, M. de Montalembert à la Chambre des Pairs, à placer l'apologie et la polémique religieuses en dehors et au-dessus des affections dynastiques.

On a vivement critiqué cette attitude; elle ne fut cependant pas stérile. Quand l'Église eut contraint ses adversaires les plus prévenus à reconnaître qu'elle entendait ne lier les intérêts éternels qu'elle représente à aucune fortune périssable, qu'elle ne combattait que pour l'indépendance et la sécurité des âmes, comment aurait-on pu s'y prendre pour lui dénier obstinément ce qu'on accorde au plus humble des citoyens, sa part des libertés communes?

Le mouvement de vive sympathie qui avait accueilli cet heureux changement de tactique dans la revendication des droits sacrés de la conscience s'exalta presque jusqu'à l'enthousiasme au moment où les réformes inaugurées par Pie IX, au début de son règne, démontraient à l'univers attentif qu'il n'existe entre la liberté politique et la Croix d'autre antagonisme que celui qu'ont imaginé pour les besoins de leur triste cause les ennemis de l'une et de l'autre.

C'est à cette heure de détente générale et de bienveillante effervescence que parut, ainsi qu'un messager de paix tenant un rameau d'olivier, le beau livre de l'abbé Dupanloup sur la « *Pacification religieuse* ». On le salua comme le signal d'une suspension d'armes, et en même temps comme la formule très opportune des transactions nécessaires.

Enfin, justement effrayés du déchaînement des passions anarchiques, les libéraux eux-mêmes tendaient la main à l'Église et la pressaient de s'unir à eux pour rasseoir sur les bases naturelles de la religion et de la moralité l'édifice mal équilibré de l'éducation nationale. Elle était donc à peu près faite dans les esprits, cette grande loi de 1850, avant d'être écrite dans le Code, et il n'y avait plus qu'à trouver un homme d'État qui fût à la fois assez chrétien et assez habile pour porter et défendre avec succès devant un Parlement, après l'avoir faite sienne par la précision juridique des termes, une œuvre déjà élaborée par la conscience de tous.

M. de Falloux avait été élevé au Ministère le 20 décembre; le 4 janvier paraissait dans le *Moniteur* la nomination de deux Commissions qui n'en firent bientôt qu'une seule (1) chargée de préparer une vaste réforme législative à

---

(1) Les travaux de cette Commission ont été publiés récemment sous ce titre : *Les débats de la Commission de 1849, discussion parlementaire et loi de 1850*, par H. de Lacombe. C'est dans ce compte rendu détaillé qu'on pourra se faire une idée exacte du rôle décisif que joua le jeune ministre au sein de cette Commission.

la fois sur l'enseignement primaire et sur l'enseignement
secondaire.

L'esprit le plus large avait présidé au recrutement de ses
membres. Ce n'est pas, en effet, sans quelque surprise que
durent se rencontrer face à face, pour collaborer à une même
tâche, des hommes tels que Cousin et de Montalembert,
St-Marc Girardin et de Melun ou Laurentie, Thiers et l'abbé
Dupanloup. Et cependant, malgré la diversité de leurs
origines et de leurs tendances, ils eurent l'honneur de rester
unis jusqu'au bout dans la fraternelle et généreuse pensée de
consacrer tout ce qu'il y avait en eux de sincérité, d'abné-
gation et de lumières à ce grand ouvrage de liberté et
d'apaisement auquel la France en péril les avait conviés (1).

D'ailleurs, si quelques malentendus subsistaient encore,
poussière inévitablement soulevée dans les esprits les plus
sereins par les orageux démêlés qui avaient armé trop longtemps l'une contre l'autre l'Église et l'Université, ils furent
promptement dissipés par la parole éloquente de l'abbé
Dupanloup, faite de clarté et de flamme. M. Thiers ne
pouvait se rassasier de l'entendre.

Quand l'illustre abbé parlait, presque toujours il adhérait
de la tête et du geste. Et que de fois même ne le vit-on
pas quitter le fauteuil présidentiel, placé au sommet de la table
en forme de fer à cheval, autour de laquelle siégeaient les
commissaires, longer le mur derrière ses collègues, entrer
dans l'intérieur du fer à cheval, et là, debout en face de
l'abbé Dupanloup qui s'était modestement installé à l'extré-

---

(1) On s'est demandé pourquoi M. de Falloux n'avait pas appelé Louis
Veuillot dans la Commission. Voici la raison qu'il en donne lui-même :
« Après mûre réflexion, j'aimai mieux l'exposer à la tentation de critiquer
des choses faites sans lui que de l'armer du droit d'empêcher de les faire.
(*L'Évêque d'Orléans*, p. 41.)

mité de l'une des branches, recueillir toutes ses paroles avec
l'air de jouissance d'un homme qui se dit : « *Je tiens enfin le
vrai !* » (1).

Quel avocat de la liberté sacrée des âmes que celui qui,
après la mémorable séance où son irrésistible plaidoirie
avait sauvé l'Institut des Jésuites d'une exclusion probable,
contraignait un homme tel que Thiers, réduit au silence,
vaincu, presque fasciné, à s'écrier en saisissant le bras du
chef de l'École éclectique : « Cousin, Cousin, avez-vous bien
compris quelle leçon nous avons reçue là. Il a raison l'abbé.
Oui, nous avons combattu contre la justice, contre la vertu,
et nous leur devons réparation ! » (2). Et dans une autre
circonstance : « *Il faut que cet homme soit évêque !* » (3).

Portée au tribunal de pareils juges et soutenue par de
pareils défenseurs, la cause de l'enseignement chrétien ne
pouvait pas ne pas vaincre. On n'exigera pas que nous
exposions, même dans ses grandes lignes, cette charte célèbre qui, depuis tantôt quarante ans, régit en France l'instruction secondaire. Pas n'est besoin de rappeler aussi que,
déposé sur le bureau de l'Assemblée le 18 juin 1849, le
projet de loi adopté par la Commission dut attendre, non
sans éprouver les plus périlleuses vicissitudes, jusqu'au mois
de mars de l'année suivante, que l'autorité souveraine voulût
bien décider de sa fortune.

Elles ne cheminent trop souvent qu'avec d'excessives difficultés les réformes les plus utiles et les plus urgentes, à
travers les agitations houleuses qui tourmentent et boule-
versent les Assemblées parlementaires. Ce n'est, en effet,
qu'après avoir tourné bien des écueils, échappé à bien des

(1) *L'Évêque d'Orléans,* p. 44.
(2) V. *L'Évêque d'Orléans,* p. 48.
(3) *Ibidem,* p. 61.

orages, essuyé de terribles bordées, que ce beau navire, qui portait dans ses flancs l'avenir de tant de générations chrétiennes, put enfin toucher heureusement au port.

Mais quand retentirent, à son arrivée, les acclamations enthousiastes de toutes les âmes vraiment catholiques, il n'était plus à la barre le pilote qui l'avait si vaillamment lancé sur les flots et si habilement mené à deux pas du rivage. Atteint d'une maladie grave, M. de Falloux avait dû résigner ses fonctions après quelques mois de Ministère. La loi ne fut donc votée que sous son successeur, M. de Parieu, le 15 mars 1850. Et cependant, Messieurs, nous ne dirons pas de M. de Falloux, comme on l'a pu dire de tant d'autres, qu'ayant été à la peine, il est regrettable qu'il n'ait pas été à l'honneur. Car l'honneur de ce magnifique triomphe, est-ce que, dès le premier instant, la gratitude émue des familles chrétiennes ne l'a pas intimement associée au nom de cet homme ? Et l'histoire, à son tour, est-ce qu'elle essaiera jamais de rompre la chaîne d'or qui unit, glorieux et indissoluble faisceau, ce grand chrétien à cette grande chose, le nom de Falloux à la loi de 1850 ?

Si encore il n'y avait eu dans cette effroyable mêlée que l'ennemi commun à combattre ! Mais que de temps et que d'efforts consumés, hélas ! pour répondre aux âpres et inopportunes récriminations d'alliés douteux, et surtout d'amis trop ardents ! Qu'on se représente un pareil feu croisé dirigé par les opinions extrêmes sur l'intéressant navire durant sa traversée, et on aura quelque idée de la somme de courage et d'habileté que dut déployer le pilote pour le sauver du naufrage.

« C'est trop, hurlait la Montagne ; vous attentez aux droits » inaliénables de l'État, et ce que vous appelez, au nom » d'un libéralisme mensonger, loi d'affranchissement, n'est » qu'une monstrueuse usurpation. » — « *Ce n'est pas assez ;*

tout ou rien », criaient de leur côté avec un amer dédain les intransigeants de droite, « vous outragez, en vous obstinant à ne pas exiger pour eux sur le terrain légal une absolue prépondérance, les droits supérieurs de la vérité religieuse ; vous n'êtes qu'un homme d'expédients, un habile (1), sans principes arrêtés, et votre prétendue loi de salut n'est qu'une demi-mesure qui, née d'une trahison, n'enfantera qu'anarchie et ne tardera pas à sombrer dans la ruine des croyances et des mœurs qu'elle aura été impuissante à conjurer ».

On voit jusqu'où peuvent s'égarer des hommes animés, certes, d'intentions pures et élevées, mais chez qui la plus louable orthodoxie ne saurait excuser le manque à peu près complet d'esprit de prudence et de sens politique. « Comme ils sont gauches parfois ces hommes de droite ! » disait spirituellement Mme Swetchine. La perfection ne consiste pas toujours, en effet, à faire ce qu'il y a de mieux, mais à faire ce qui est possible. Une société malade comme celle de notre époque pourrait-elle se plier sans commotions périlleuses à un régime dont s'accommodaient si heureusement des sociétés robustes comme celles du XIIIe et du XVIIe siècles ? Là est la question. Et au lieu de reprocher bruyamment à M. de Falloux de n'avoir pas assez fait, peut-être aurait-il mieux valu lui prouver autrement que par des injures que, tout bien pesé, il était possible de mieux faire.

Mais laissons de côté des exagérations hautaines que le temps et l'expérience ont décidément contraintes à s'humilier jusqu'à l'amende honorable. Quand, quelque quinze ans plus tard, on entendit souffler dans les régions de l'enseignement officiel ces mille vents de doctrines dont s'émut à plusieurs reprises l'épiscopat, quand la tempête dévastatrice du philo-

---

(1) *Discours et mélanges politiques*, 2e édition, t. II, « Du Drapeau », p. 339, sqq.

sophisme et de la fausse science gronda sur tant de jeunes âmes, les plus récalcitrants ne bénirent-ils pas alors l'arche providentielle qui portait dans ses flancs, au milieu des flots déchaînés, ce qu'ils avaient de plus précieux ici-bas : la foi, l'innocence de leurs enfants, l'avenir des générations chrétiennes, le salut de la France?

Mais si le feu de Droite s'est heureusement ralenti, il n'en a pas été ainsi, hélas! du feu de Gauche. « *Encore quinze ans de la loi Falloux, et la France nous échappait* », s'écriait dans une période à jamais néfaste M. Challemel-Lacour, aux acclamations de tous les libres-penseurs et de tous les sectaires. Et Dieu sait si le sinistre cri d'alarme a été entendu. N'est-ce pas à boulet rouge qu'on a tiré sur le beau navire? Ne l'a-t-on pas criblé de coups? N'avons-nous pas eu l'horrible douleur de voir décimés ou dispersés aux quatre coins de l'horizon les meilleurs et les plus grands de l'équipage?

N'importe! Il tient la mer encore!........ Il la tiendra toujours! Oui, nous en avons le ferme espoir, tu flotteras à jamais sur les vagues courroucées du siècle, palladium sacré de nos libertés et de nos droits. C'est en vain qu'on s'acharne à ta perte. Des millions de cœurs et de bras sont là qui te soutiendront sur l'abime. C'est la loi inéluctable des institutions qui ont la Croix pour pavillon de ne sombrer jamais, mais aussi de ne pouvoir se développer et grandir que par l'épreuve. Voilà pourquoi, beau et cher navire, après avoir échappé à l'orage, tu vas reprendre ton essor, plus imposant que jamais, et, semant partout les trésors de science et de vertu que tu recèles dans ton sein, porter jusqu'à la postérité la plus reculée le nom du catholique éminent qui, dans son passage d'un jour au gouvernement de son pays, a réussi, malgré l'aveuglement de ses amis et la rage de ses adversaires, à fonder sur les flots perpétuellement agités des opinions et des passions humaines une œuvre immortelle (1).

C'était, certes, un service de premier ordre rendu par M. de Falloux à la religion et à la patrie française que ce laborieux triomphe de 1850. Mais l'une et l'autre lui doivent plus encore, elles lui doivent le rétablissement du pouvoir temporel du Souverain Pontife. Nous disons l'une et l'autre, car l'expédition romaine, comme la loi sur l'enseignement, a servi les vrais intérêts de la France à peu près autant qu'elle a servi ceux de l'Église. C'est ainsi qu'après avoir assuré la liberté des âmes, le grand Ministre mit le sceau à sa gloire d'homme public en sauvegardant la liberté d'action de ce grand gouvernement des âmes qui se nomme le Saint-Siège.

On se rappelle comment, après le lâche assassinat du comte Rossi, Pie IX avait été contraint de quitter sa capitale, livrée à toutes les horreurs de l'anarchie révolutionnaire, pour se réfugier à Gaëte, sur les terres du roi de Naples (25 novembre). Il y eut alors, sous la pression du sentiment catholique, une première intervention armée, mais strictement limitée par les instructions formelles du général Cavaignac à la protection de la sûreté personnelle et de l'indépendance spirituelle du Saint-Père. Le corps expéditionnaire ne devait s'immiscer dans aucune des questions politiques qui se débattaient entre Pie IX et ses sujets révoltés. C'était, comme on ne tarda pas à le voir, frapper de stérilité les efforts de nos soldats, ou, ce qui est pire, les exposer au ridicule. Aussi les catholiques accueillirent-ils avec le plus vif enthousiasme la Lettre-manifeste où le prince Louis Napoléon déclarait solennellement, à la veille de l'élection du 10 décembre, « *que la Souveraineté temporelle du Pape était intimement*

---

(1) La loi sur la liberté de l'enseignement a été l'édit de Nantes du XIXᵉ siècle, au jugement du Père Lacordaire. V. *Discours et mélanges politiques*, t. II, p. 364.

liée à l'éclat de la religion comme à la liberté et à l'indépendance de l'Italie (1). On pressentait, en effet, que l'importante et délicate affaire allait entrer dans une phase plus rassurante.

La composition du nouveau Ministère (Odilon Barrot) offrait, à ce point de vue, des garanties sérieuses. Le général Rullière et M. Buffet étaient franchement et pleinement d'accord avec M. de Falloux sur la nécessité religieuse du pouvoir temporel. Quant à notre jeune Ministre, à peine eut-il pris posesssion de son poste, qu'il s'empressa de déposer aux pieds du Souverain Pontife, par l'intermédiaire de notre ambassadeur, l'hommage de son plus complet dévouement et de sa filiale affection.

On ne lira pas sans en être vivement touché le passage de sa lettre (2) dans lequel il fait allusion à la triste éventualité où pourrait se voir réduit Pie IX de solliciter de la Fille aînée de l'Église l'hospitalité et le pain de l'exil : « La France tressaillera d'allégresse lorsque le pied du Saint-Père touchera son sol, et si la position que j'occupe actuellement permet que je sois le premier à le recevoir, veuille Votre Sainteté croire que je serai le premier surtout par l'inexprimable émotion de mon âme » (3).

Il s'en fallait de beaucoup, toutefois, que ces bonnes dispositions fussent suffisantes pour aplanir toutes les difficultés. Quoique à peu près tous favorables au Saint-Siège, les autres membres du cabinet étaient loin de montrer une attitude aussi ferme et aussi décidée que M. de Falloux et ses deux collègues de l'agriculture et de la guerre. De son côté, le prince président, on ne doit pas l'oublier, avait été élevé

(1) Gabourd, *Histoire contemporaine*, t. VII, p. 407.

(2) Elle a été imprimée dans le recueil des hommages qui ont le plus touché le Souverain Pontife durant son exil, et qu'il a fait publier lui-même sous le titre de « *Orbe Cattolico* ».

(3) *L'Évêque d'Orléans*, p. 30, 31, sqq.

dans les idées les plus antipathiques à la Souveraineté temporelle des papes. Bien plus, ses relations avec les sociétés secrètes italiennes et ses hésitations incessantes faisaient craindre que la célèbre phrase du Manifeste eût moins été l'expression d'une conviction sincère qu'une amorce habile destinée à capter les suffrages des électeurs catholiques. Quant aux révolutionnaires, on sait avec quelles sommations menaçantes ils réclamaient qu'on traitât avec tous les égards possibles la jeune république-sœur et qu'on laissât le Pape arranger ses affaires lui-même.

Il y avait là une telle accumulation et, à la fois, une telle complication d'obstacles, qu'on n'est pas surpris de voir M. de Falloux qualifier « d'avantage considérable » (1), remporté par lui et ses amis, la résolution que prit le cabinet de ne pas reconnaître la République romaine, et l'ordre qui fut transmis en conséquence à notre ambassadeur, M. d'Harcourt, de rejoindre le Pape à Gaëte. Au reste, le jeune Ministre n'excellait pas moins à s'imposer aux hommes d'État dans une salle de conseil, par l'ascendant d'une raison supérieure, qu'à les subjuguer à la tribune par la distinction suprême de ses manières et le ton profondément convaincu et vibrant de son éloquence : « Qui n'a pas vu M. de Falloux à une table de conseil des Ministres, a dit M. de Tocqueville, qui fut son collègue, ne sait pas ce que c'est que la puissance d'un homme » (2). — « *M. de Falloux est un homme d'État de pied en cap* », a dit aussi M. Thiers, qui avait bien quelque compétence en la matière.

Cependant, comme si cet acte d'énergie purement diplomatique ne l'eût déjà que trop compromis, le sphynx de l'Élysée n'aurait pas été fâché de s'en tenir là, et de dissi-

---

(1) « Mémoires d'un royaliste », *Correspondant* du 25 avril 1887, p. 258.
(2) *Correspondant* du 1er janvier 1886, p. 6.

muler désormais son vrai jeu sous le masque d'irrésolution et de presque impénétrable réserve qui paraît avoir été le fond de son caractère, et, à peu de chose près, le fond même de sa politique. Il fallut le coup de foudre de Novarre et l'appréhension, par tous très vivement ressentie, de voir l'influence autrichienne maîtresse de l'Italie du Nord comme elle l'était déjà de celle du Sud, pour le déterminer, appuyé d'ailleurs sur un vote de l'Assemblée et vigoureusement stimulé par M. de Falloux, à frapper juste et fort.

Le général Oudinot reçut l'ordre de faire voile vers Civita-Vecchia, qui fut prise sans coup férir, et peu après, les Français parurent sous les murs de Rome. Ils s'attendaient à n'y rencontrer aucune résistance. Mais une trahison qu'on aurait dû prévoir leur en fit fermer les portes ; on eut même à déplorer un petit insuccès d'avant-garde, et cet échec moral faillit tout compromettre. Odilon Barrot en fut littéralement atterré, au point qu'il se laissa tomber dans un fauteuil de la salle du Conseil, presque évanoui (1). Il se demandait avec anxiété comment il allait faire face aux interpellations imminentes des Gauches, trop heureuses de pouvoir faire ressortir à la fois dans l'humiliation apparente de nos armes la justification de leur propre politique et le démenti infligé par les faits à celle d'un Ministère qui s'était follement porté garant des bonnes dispositions de la ville assiégée.

Il ne reprit un peu de cœur qu'après que M. de Falloux, assisté de quelques-uns de ses collègues, lui eut suggéré les principaux arguments du discours qu'il y aurait lieu d'opposer aux vociférations de la Montagne (2).

(1) « Mémoires d'un royaliste », *Correspondant* du 25 avril 1887. p. 242, 243.

(2) *Ibidem*, *Correspondant* du 25 avril 1887. p. 243.

Bref, après un siège en règle et des négociations que nous n'avons pas à rappeler ici, l'armée libératrice entra dans Rome (3 juillet) aux acclamations du vrai peuple et de l'univers catholique. Le général en chef se hâta de mettre un terme au despotisme sanglant des triumvirs et chargea le colonel Niel d'aller à Gaëte, remettre au Pape les clefs de sa capitale.

Ce fut un beau jour pour la France, un beau jour pour Rome, un beau jour pour l'Église, un beau jour aussi pour notre éloquent et valeureux Ministre. Cette restauration éclatante de l'autorité et des libertés du Saint-Siège, nul ne l'avait plus ardemment désirée, nul ne l'avait plus habilement et plus courageusement préparée, et nul, par conséquent, n'avait plus que lui le droit d'en partager les joies et d'en revendiquer l'honneur. Il n'avait, il est vrai, combattu qu'avec le glaive de la parole. Mais, de nos jours, ce glaive n'est-il pas autrement puissant que l'autre? Et s'il en est pour qui nous exagérons beaucoup trop sa force, qu'ils admettent alors que lorsqu'un vaillant, avec un instrument si faible, a su opérer d'aussi grandes choses, il mérite encore plus que les athlètes de l'épée d'être inscrit par l'Église reconnaissante dans le livre d'or où rayonnent d'un incorruptible éclat les noms des bienfaiteurs et des libérateurs de la papauté.

Cependant le Saint-Père n'était pas encore au terme de ses épreuves. Aussi M. de Falloux ne se crut-il pas, de son côté, au bout de sa tâche.

La lenteur regrettable que mit la cour pontificale à partir pour Rome et les vives répugnances que manifestaient quelques-uns de ses plus hauts dignitaires au sujet des réformes relatives à l'administration civile des États de l'Église rallumèrent au sein de l'Assemblée législative les passions antireligieuses du parti révolutionnaire. Jules Favre eut le triste honneur de se faire leur interprète et de prononcer à la tribune, contre le pouvoir temporel, un de ses plus violents et de ses plus perfides réquisitoires (1).

C'était, du reste, le vrai terrain de la lutte, et comme M. de Falloux ne connaissait pas moins la stratégie habituelle de l'ennemi que les plus légers plis du champ de bataille, il s'empressa d'y suivre son redoutable antagoniste. Après avoir infligé aux injures le dédain et à quelques objections sans loyauté une réfutation sans réplique, l'orateur aborde les articles essentiels du grand débat :

Que voulaient réellement les Romains ? Que leur cité devînt le chef-lieu d'une république étroite et vulgaire, ou qu'elle demeurât la capitale inaliénable de l'immense république chrétienne ? En second lieu, a-t-on raison de prétendre que le rétablissement de l'autorité temporelle du Saint-Siège n'ait pas été réclamé par les intérêts supérieurs du catholicisme comme par l'intérêt sainement entendu de la politique française et de ses traditions séculaires ?

Nous regrettons vivement de ne pouvoir transcrire en entier cette magnifique harangue. On nous saura gré de citer au moins le passage où M. de Falloux démontre avec une admirable éloquence qu'il est impossible de faire descendre la Ville éternelle au rôle de simple capitale d'une république sans étendue et sans prestige, et qu'elle doit rester ce qu'elle a toujours été, la Métropole de la république universelle des âmes :

« Que vouliez-vous faire de Rome ? Une sorte de république insignifiante isolée au milieu de populations ou qui ne l'adoptent pas ou qui la repoussent formellement. Vous vouliez placer cette république entre toutes les pressions italiennes, entre la Toscane, le Piémont et Naples ; vous

(1) Assemblée législative, séances du 6 et du 7 août 1849.

vouliez laisser dans son isolement, en face de l'Autriche
elle-même, une république menacée de toutes parts, à peine
comparable aux plus faibles États de l'Europe. Voilà le grand
rôle que vous destiniez à Rome.

Et quel est le rôle que nous lui donnons, nous, et qu'elle
a voulu, qu'elle a voulu de tous temps ? Ce n'est pas celui
de république romaine, dont elle connait bien la chimère,
le péril, l'inanité ; c'est le rôle qu'elle occupe dans le monde
depuis dix-huit siècles, c'est celui de capitale de la république universelle chrétienne.

Nous voulons restituer à Rome le rôle qu'elle a depuis
tant de siècles, le nom qu'elle porte avec tant de gloire et de
fierté, le nom de Ville éternelle, nom que vous lui donnez
encore par distraction, lorsque vous lui enlevez toutes les
conditions qui la font telle.

Paris est la capitale de l'intelligence et des arts, nous le
disons tous les jours ; qui a songé à appeler Paris la Ville
éternelle ?

Londres est la capitale du plus grand mouvement mari-
time et commercial du monde ; qui songe à appeler Londres
la Ville éternelle ?

Qu'est-ce qui fait que Rome continue à porter ce
titre que vous lui donnez, même lorsque vous lui en
contestez les conditions ? Ce titre magnifique, ce qui fait
qu'elle le porte, que personne ne le lui conteste, c'est qu'effec-
tivement elle est la capitale, la vieille capitale de la
république chrétienne, c'est qu'elle est la seconde patrie de
tout le monde.

Ce que vous voulez faire de la république romaine, c'est la
république de quelques millions de républicains chimériques ;
nous voulons en faire la seconde patrie de tout le monde,
le pays dans lequel, après le sien, tout le monde vit par
l'intelligence, par le cœur, par les sympathies ; où, depuis

dix-huit siècles, tout le monde est venu apporter sa pierre, son respect; où la poussière même est imprégnée de vénération, du sang des saints, des héros, des martyrs. Voilà ce qui fait de Rome la Ville éternelle, voilà ce que c'est que Rome, voilà ce qu'elle veut être, voilà ce qu'elle continuera à être » (1).

Ce mouvement superbe électrisa l'Assemblée, et les dernières phrases furent saluées par une explosion d'applaudissements et des cris d'enthousiasme. La victoire n'était pas douteuse; 428 voix contre 176 sanctionnèrent le résultat de notre expédition et le rétablissement du pouvoir temporel.

Telle était l'éloquence de M. de Falloux, aussi intéressante, aussi nourrie d'aperçus ingénieux que celle de Thiers, quoique d'une allure moins variée et moins familière, ample comme celle de Guizot, pressante comme celle de Berryer, souvent chaude et entraînante comme celle de Montalembert.

Après avoir si noblement vengé la dignité du Saint-Siège, le courageux Ministre montra d'une façon éclatante, à propos d'un de ces mille incidents que suscitait presque chaque jour la marche difficile des affaires romaines, qu'il était prêt à tous les sacrifices pour faire respecter la sienne propre.

Les trois cardinaux (2) que le Saint-Père avait délégués à Rome pour y constituer en son absence une sorte de Gouvernement provisoire avaient cru devoir se borner, dans leur proclamation de remerciements, à décerner un éloge général « aux armées catholiques », sans y désigner autrement l'épée de la France. Vivement piqué, le prince président adressa à un officier supérieur du corps expéditionnaire (3) une lettre

---

(1) *Discours et mélanges politiques*, t. I, p. 284, 285, 286, 287.

(2) Ces trois cardinaux étaient : le cardinal Della Genga, le cardinal Vannicelli-Casoni et le cardinal Altieri.

(3) Le lieutenant-colonel Edgard Ney.

très émue qui contenait, d'une part, une critique amère de
cet oubli, et de l'autre, une sommation passablement irres-
pectueuse au Gouvernement pontifical d'avoir à procéder
aux réformes administratives dont nous avons déjà parlé.
Heureusement, M. de Falloux connut assez tôt cet étrange
message pour obtenir de la bouche même du président l'as-
surance qu'il demeurerait absolument confidentiel.

Quelle ne fut pas sa surprise lorsque, au retour d'un court
voyage, il apprit qu'il avait été livré à la publicité. Il se rend
immédiatement à la présidence, remet sa démission et ne
consent à la retirer qu'après que le prince lui a promis et
procuré les satisfactions les plus expresses et les plus com-
plètes.

C'est le souvenir de cette crise, particulièrement délicate
pour la conscience d'un homme public, qui lui inspira sans
doute la réflexion suivante, qu'il a consignée dans ses Mémoires :

« Le Père Lacordaire a dit dans une de ses conférences de
Toulouse : « Le mépris de la mort, voilà le principe de la
force morale. Tant que la conviction de la justice ne va pas
jusque-là, il n'y a rien à espérer de l'homme dans les grandes
occasions. » En abaissant beaucoup ce bel axiome et ce beau
langage, je dirai : « Le mépris des portefeuilles, voilà le
principe de la force politique » (1).

Cependant, malgré l'émotion produite à Gaëte par la fâ-
cheuse lettre du président, le Pape se décida, dans l'intérêt
de la paix, à signer, le 12 septembre, l'Acte politique connu
dans l'histoire sous le nom de Motu proprio. Sincèrement
louée par M. Thiers dans son rapport sur la demande de
crédits pour le corps expéditionnaire, attaquée avec rage par
Victor Hugo, dont la trahison « *reçut ce jour-là le châtiment*

____

(1) « Mémoires d'un royaliste », *Correspondant* du 25 mai 1887, p. 629.

qu'elle méritait dans les applaudissements qui l'accueillirent » (1), cette charte si indignement dénaturée fut défendue avec un incomparable éclat par le comte de Montalembert, qui ne fut peut-être jamais si grand et jamais si beau.

M. de Falloux, gravement malade, n'assista pas à la mémorable séance. Il méritait pourtant de contempler la déroute d'un parti dont il avait mieux que personne préparé la défaite. Débilité par les luttes sans trêve qu'il avait dû soutenir contre des adversaires implacables, contre de maladroits amis, contre ses propres collègues, contre le président, souvent contre lui-même (2), il donna sa démission après le vote sur les crédits, et alla demander aux effluves embaumées de Nice le rétablissement d'une santé que quelques mois seulement d'orages parlementaires, tant il était prodigue de ses forces lorsqu'il s'agissait de l'Église et de la France, avaient pour longtemps ébranlée (3).

III

Telle fut, à grands traits, la vie publique de cet homme que le Père Lacordaire a pu nommer « *le seul Ministre vraiment catholique qu'ait eu la France depuis 1789* » (4).

---

(1) V. Montalembert, t. III, *Discours* ; Discours sur les crédits supplémentaires relatifs à l'expédition de Rome, p. 252.

(2) « Mémoires d'un royaliste », *Correspondant* du 25 mai 1887, p. 633.

(3) Nous ne parlerons pas du discours si important et si remarqué que prononça M. de Falloux à l'Assemblée législative, le 14 juillet 1851, sur la révision de la Constitution, parce qu'il traite de matières absolument politiques.

(4) Lettre du Père Lacordaire à M. de Falloux pour le féliciter de son élévation au Ministère dans : *L'Évêque d'Orléans*, p. 28.

Mais il était de ces vaillants qui, comme il l'a dit lui-même du comte de Quatrebarbes, « rentrent dans la retraite sans jamais entrer dans le repos et prennent des années sans jamais vieillir » (1). C'est faire entendre que bien qu'il n'eut plus l'honneur du commandement, il demeura au premier rang de l'armée sainte pour l'attaque et pour la défense, et qu'il ne cessa de combattre en faveur des nobles causes de sa jeunesse que lorsqu'il cessa de vivre.

On se souvient de la tournure inattendue et gravement inquiétante que prit la question romaine quelque temps après la campagne d'Italie. M. de Falloux était trop clairvoyant et trop expérimenté pour se faire un seul instant illusion sur le sort que préparait au pouvoir temporel la brutalité révolutionnaire, soudoyée par l'astuce piémontaise. Articles de journaux et de revues, discours, démarches laborieuses et habiles, rien ne fut par lui négligé pour stimuler la vigilance des catholiques et éclairer le Pouvoir sur les conséquences de son aveuglement ou de sa complicité.

Sans doute, la Souveraineté temporelle des papes est l'œuvre des siècles; mais en se plaçant à ce point de vue même, n'était-il pas en droit de la considérer comme un peu la sienne, puisque, Ministre d'un jour, il avait su trouver le temps d'y apporter sa pierre. Saper l'édifice séculaire, c'était, par le fait, essayer de détruire ce qu'il avait tant travaillé à restaurer et à consolider de ses propres mains. Il avait donc pour parler haut et ferme des titres autrement sérieux que bon nombre de ses compagnons d'armes, très estimables du reste, mais qui, bien qu'ils fissent beaucoup plus de bruit, n'avaient pourtant pas fait d'aussi utile besogne.

Un exposé magistral de la question italienne, publié en

(1) Éloge du comte de Quatrebarbes dans : *Études et souvenirs*, p. 328.

1859 (1), et une série de vigoureux écrits sur la question romaine (2), qui parurent au fur et à mesure que se développait la trame si savamment ourdie de la spoliation, rappelèrent aux ennemis du Saint-Siège qu'ils avaient à compter encore avec un homme qui, malgré qu'il fût descendu du pouvoir, avait su rester une puissance.

Voyez avec quel flair il déduisait les conséquences imminentes de la convention du 15 septembre. « Le dénouement du drame actuel ne peut donc faire l'objet d'un doute sincère : ou la Providence signera d'ici à deux ans une contre-convention avec la papauté, ou, en vertu d'une émeute disciplinée, les Piémontais, qu'ils partent de Turin, qu'ils partent de Florence, seront à Rome nos successeurs effrontés » (3). Traité néfaste, en effet, et qui n'était qu'une courte halte après laquelle le ravisseur espérait bien reprendre cette marche cauteleuse dont M. de Falloux a mis à nu la criminelle tactique avec une si pittoresque et si saisissante ironie. « Les historiens de l'Orient, dit-il, racontent que de pieux Musulmans se condamnent à accomplir le pèlerinage de la Mecque en faisant quatre pas en avant et trois pas en arrière. De cette façon, le voyage est très long ; néanmoins, on avance en ayant l'air de reculer, et au bout d'un certain nombre d'années, on finit par arriver. Les Piémontais et leurs compères sont de ces pèlerins-là » (4).

(1) V. *Discours et mélanges politiques*, t. II, p. 137.

(2) V. dans le même volume : Question romaine, p. 159 ; Question romaine, Antécédents et conséquences de la situation actuelle, p. 173 ; Question romaine, Introduction aux Lettres du Père Lacordaire à Mme Swetchine, p. 209 ; Question romaine, Convention du 15 septembre, p. 227 ; Question romaine, Itinéraire de Turin à Rome, p. 247 ; Question romaine, Monte-Rotondo et Mentana, p. 259.

(3) V. Convention du 15 septembre dans le volume déjà cité, p. 236.

(4) *Discours et mélanges politiques*, t. II, Itinéraire de Turin à Rome, p. 247.

Mais pendant que l'homme d'État s'attachait patiemment à démasquer l'hypocrisie de la politique piémontaise, le catholique et le français savaient, comme par le passé, trouver de magnifiques accents, soit pour exalter l'inébranlable constance du Pontife spolié, soit pour menacer les usurpateurs des vengeances d'en haut, soit enfin pour adjurer la Fille aînée de l'Église de ne pas tremper ses mains arrosées de tant de grâces dans cette monstrueuse iniquité :

« Le successeur de saint Pierre et de saint Léon, s'écrie-t-il, ne pâlira pas devant le successeur d'Attila. Il pourra lui dire : — Je vous connais de vieille date ; au moyen âge, vous portiez le nom d'empereur d'Allemagne ; il y a trois siècles, vous vous appeliez le connétable de Bourbon ; parmi nos contemporains, vous vous êtes appelé Napoléon Ier. Vous voulez commencer comme eux, comme eux vous finirez. — Mais, tournant ensuite son regard attristé au delà de l'Apennin et des Alpes, l'auguste vieillard ne s'écriera-t-il pas douloureusement : — France, France, que t'avais-je fait, et pourquoi m'as-tu abandonné ? J'avais baptisé tes ancêtres, et j'ai toujours béni tes enfants ; était-ce à toi de me trahir aussi dans un baiser ? » (1).

Ces accents émus, il les avait aussi fait entendre avec nos grands évêques pour célébrer les martyrs de Castelfidardo, et la magnanime intrépidité de leur chef, qu'au nom d'une amitié cimentée par une même foi, il avait engagé de toute son âme à se mettre à la tête de la glorieuse croisade (2). Il est vrai, hélas ! ses yeux, avant de s'éteindre, eurent la douleur de voir les spoliateurs consommer leur sacrilège et jouir en paix de leurs honteuses

____

(1) Convention du 15 septembre, *Discours et mélanges politiques*, t. II, p. 238.

(2) V. *Question romaine*, « Antécédents et conséquences de la situation », dans le volume cité ci-dessus, p. 206, 207, 208.

victoires. Mais ce spectacle n'altéra pas sa sérénité. Il était de ceux qui croient fermement que la justice n'est jamais plus près de son triomphe que lorsque ses ennemis la tiennent garrottée et qu'ils ont rangé leurs gardes autour de ce qu'ils appellent son sépulcre. Et n'est-il pas vrai qu'au moment même où nous traçons ces lignes, cette question romaine, qu'on disait à jamais enterrée, secoue terriblement son linceul, que l'univers s'émeut et que les geôliers tremblent ?

En même temps que M. de Falloux continuait à croiser le fer avec une héroïque obstination pour la cause du pouvoir temporel, on le voyait à l'avant-garde aussi toutes les fois qu'il s'agissait de soutenir la cause plus méconnue encore à notre époque de la vérité chrétienne elle-même.

Nous ne l'ignorons pas, il n'avait pas l'approbation de tous le système de défense qu'il avait cru devoir adopter de concert avec quelques amis, tous catholiques illustres, ralliés depuis longtemps sous le même étendard. Et comme il n'est pas rare que dans la fièvre de la mêlée, certains esprits s'oublient jusqu'à dénaturer les théories qu'ils contestent, on s'explique par là que trop fréquemment aussi l'outrage ait pu jaillir de l'exagération de la critique.

Il n'y a, pour dissiper tout malentendu, qu'à donner la parole aux tenants eux-mêmes du système incriminé. Or, l'expression vraie de leur pensée, ce n'est pas toujours dans les journaux de leurs plus ardents adversaires qu'il conviendrait de la chercher, mais dans les nombreux écrits qu'ils ont publiés eux-mêmes à ce sujet. C'est, notamment, dans « *Le parti catholique* » (1856) et dans « *La Contre-Révolution* » (1878), sortes de Manifestes où l'apologie suit pas à pas l'exposé des principes, et qui eurent dans l'un et dans l'autre camp un immense retentissement, qu'on trouvera clairement définie la doctrine de l'École.

D'abord, qu'on ne reproche pas à ces croyants généreux
de vouloir éliminer du Symbole la moindre parcelle de
dogme. « Il n'est pas question de vérité, déclarent-ils hautement, mais du moyen de la servir. » (1). Or, à leur avis,
ceux-là la servent mal et souvent même la compromettent
qui, après l'avoir arrachée à sa sphère sereine, et lui avoir
prêté une allure et des exigences dont elle s'étonne elle-
même, la jettent ainsi désorientée et défigurée à l'avant-garde
d'un parti, pour s'en faire une auxiliaire d'élite dans leurs
revendications politiques.

Ne dépasse-t-on pas toute mesure, par exemple, lorsqu'on
pose en principe que « *le Catholicisme est la Contre-Révolution
ou qu'il n'est pas, et que quiconque suit la croix de Jésus-Christ doit
cracher sur la Révolution, qu'elle s'appelle 1789 ou 1793?* » (2).
N'y a-t-il pas là une dangereuse confusion dans les idées
et dans les termes ? Veut-on dire que pour rester catholique,
il faille de rigueur anathématiser la liberté politique, re-
pousser indistinctement toutes les Constitutions libérales, en
un mot, s'inféoder à l'absolutisme ?

Lancer au milieu de masses déjà surexcitées des affirma-
tions aussi complexes, aussi téméraires, sans leur adjoindre
les distinctions et les éclaircissements nécessaires, n'est-ce pas
exposer l'Église, dont on se prétend l'infaillible organe, à
partager les inconvénients de leur légitime impopularité ? Ne
court-on pas, en effet, par là le danger grave de laisser
croire qu'elle est absolument réfractaire à toute idée de liberté
et de progrès, et que ses adversaires ont le monopole de ce
qui se fait de bien et d'utile dans l'ordre social et politique ?

Ces excès de langage, qu'expliquent sans les excuser tout
à fait la vivacité des convictions non moins que les ardeurs

(1) *Le Parti catholique*, p. 80.
(2) *De la Contre-Révolution*, p. 367.

d'une polémique sans frein, révoltaient M. de Falloux, et c'est avec une énergie obstinée qu'il courait aux armes toutes les fois qu'il y avait à dégager sa responsabilité et celle de ses amis des funestes conséquences que d'aussi graves malentendus lui semblaient devoir entraîner pour l'avenir du catholicisme dans la nation française.

Que des chrétiens fervents et valeureux cherchassent par la tribune ou par la presse à grouper en faisceau compact toutes leurs forces vives pour essayer de ramener dans l'État moderne, pris d'on ne sait quel vertige d'indifférence, le règne social de Jésus-Christ, c'était là une ambition qui lui paraissait correspondre à des vœux fréquemment formulés par le Saint-Siège, aussi bien qu'à ses aspirations personnelles les plus ardentes. Mais ce qu'il ne pouvait comprendre, c'est que des imprudents missent en péril une aussi noble entreprise par le ton acerbe de leurs récriminations et l'attitude hautaine et comminatoire d'exigences trop souvent immodérées ou inopportunes.

Il estimait que c'est folie de vouloir, sans garder la moindre mesure, imposer à une époque tourmentée comme la nôtre un fardeau malheureusement devenu trop lourd pour ses préjugés ou pour ses passions, que c'est folie, par conséquent, de courir le risque, en réclamant à contre-temps la totalité des réformes désirées, de ne pas même obtenir le petit nombre de celles que les circonstances rendent possibles. « L'Église ne dit jamais : Tout ou rien ! — écrivait de son côté le comte de Montalembert, car c'est le mot de l'orgueil et de la passion humaine qui veut jouir et vaincre aujourd'hui, sachant bien qu'elle doit mourir demain. L'Église, comme on l'a dit, est patiente parce qu'elle est éternelle » (1).

Quant au petit nombre de progrès immédiatement réali-

____

(1) « Le Parti catholique », dans *Discours et mélanges politiques*, p. 61.

sables, malgré la difficulté des temps, dans l'ordre politique ou social, M. de Falloux et ses amis professaient hautement qu'il n'est pas illicite, pour les faire triompher dans le domaine légal, de s'allier aux hommes honnêtes de tous les partis, comme ils l'avaient fait pour la loi de 1850.

Que le système dont nous venons de tracer les grandes lignes n'ait pas toujours été suivi dans la pratique aussi scrupuleusement qu'il aurait dû l'être, et qu'il y ait eu de ce côté comme de l'autre des écarts regrettables, nous en convenons. Mais ces réserves faites, ne serait-il pas injuste de méconnaître les immenses services que ses partisans ont rendus depuis un demi-siècle aux intérêts catholiques dans notre pays? Qu'il nous soit permis de citer à ce sujet l'appréciation d'un éminent prélat. Il va nous dire ce qu'il faut penser de cette accusation vague de « *libéralisme* » si souvent infligée aux amis de M. de Falloux, et notamment au plus grand de tous, l'illustre évêque d'Orléans.

« Ne serait-il pas temps d'en finir avec cette accusation banale, vague, mal définie qui divise les défenseurs de l'Église en deux camps ennemis, et qui n'aboutit qu'à rendre suspecte l'orthodoxie de toute cette pléiade de chrétiens d'élite dont Dieu s'est servi pour conquérir *ce qu'il aime le plus en ce monde, la liberté de son Église*, et pour assurer, pendant plusieurs années, aux intérêts catholiques la situation la plus prospère peut-être dont ils aient joui depuis le commencement du siècle? A l'heure même où nous sommes, si tout est compromis, rien n'est perdu, et tout sera sauvé parce que la lutte est engagée à Rome, en France et dans toute l'Europe sur le même terrain où Mgr Dupanloup et ses amis ont remporté autrefois leurs plus glorieuses victoires.

» Quant au fait des libertés modernes, il jugeait que ces libertés, telles qu'elles sont formulées dans les Constitutions de divers pays, non seulement n'ont pas été condamnées

par l'Église, mais qu'elle les a sinon approuvées, du moins
tolérées. Aussi croyait-il que l'accord était possible, à cet
égard, entre l'Église et les sociétés modernes, et que tant de
conflits, soulevés au grand détriment des âmes, provenaient
souvent de bien regrettables malentendus.

Il n'ignorait pas que les droits de l'Église lui ont été con-
férés par Jésus-Christ, qu'ils sont absolus, imprescriptibles
et ne peuvent sans crime lui être enlevés, mais il savait
aussi qu'en se plaçant au seul point de vue surnaturel, il
n'aurait abouti, dans ses luttes à la Chambre et devant le
public, qu'à des insuccès et à d'humiliantes défaites. C'est
pourquoi, homme pratique avant tout, il revendiqua les
droits de l'Église au nom des libertés modernes, laissant
quelquefois de côté des arguments excellents sans doute, et
les meilleurs de tous, mais repoussés à l'avance par les préjugés de ceux qu'il voulait convaincre » (1).

C'est là, certes, un jugement grave et autorisé. Et il ne
faudrait pas croire que les idées de M. de Falloux et de ses
amis n'aient rencontré que des approbations isolées. Qu'on
relise l'apologie superbe et chaude encore qu'il en fit au
Congrès de Malines de 1867, et qu'on essaie de compter, si
on le peut, les applaudissements qu'elle souleva dans cette
magnifique assemblée de quatre mille chrétiens, où se
pressaient des évêques, des religieux, des prêtres de la
plus haute distinction, avec l'élite des catholiques des deux
mondes (2).

On vient de voir avec quel zèle M. de Falloux continuait
à défendre dans sa retraite les grands intérêts de sa foi.

---

(1) Lettre de l'archevêque de Rouen à M. l'abbé Lagrange, à l'occasion
de la publication de son beau livre sur l'évêque d'Orléans.

(2) *Discours et mélanges politiques*, t. I, p. 381, Congrès de Malines.

Nous devons aussi dire en peu de mots de quelle manière
il sut y servir encore ceux de son pays.

Ministre, il avait certes largement payé sa dette à la
France par cette grande loi de 1850 et cette mémorable
expédition romaine qui lui ont créé, quoi qu'on en ait dit,
deux titres impérissables à la gratitude des bons Français
comme à celle de tous les bons catholiques.

Redevenu simple citoyen, il aurait pu, comme tant d'autres,
donner pour excuse à son repos l'éclat glorieux des souvenirs.
Mais il appartenait à la race de ces âmes généreuses chez qui
la conscience du bien déjà fait avive, bien loin de l'apaiser,
le désir d'en faire plus encore. Au reste, un État ne vit pas
seulement de succès militaires ou diplomatiques. Et quand
on s'est grandi en le servant par l'épée ou par la parole, on
est peut-être plus que jamais à même de le servir plus
utilement encore par le rayonnement d'une haute existence,
obstinément vouée à ces travaux féconds de la paix qui sont
la base comme la condition indispensables de la prospérité
matérielle et morale des Empires : l'agriculture, qui fortifie
les corps et dispute des milliers de bras à l'oisiveté ou au
vice ; la charité, qui pacifie les cœurs ; les lettres, qui élèvent
les intelligences. C'est à ce triple labeur que M. de Falloux
consacra la seconde moitié de sa vie.

Il avait la plus haute idée du rôle que l'agriculture peut
jouer dans la société, et il estimait qu'un grand patrimoine
rural investit celui qui le possède, au point de vue social
bien entendu, d'une sorte de magistrature, de sacerdoce
mixte impliquant à la fois charge de corps et charge d'âmes.

Le vaste domaine du Bourg d'Iré (Maine-et-Loire), où il
se retira, ne comprenait pas moins, dès l'origine, de deux
cent six parcelles distinctes, coupées la plupart par des fossés
insalubres. Il faudrait un volume pour raconter les prodiges
de savoir-faire et d'activité que dut opérer M. de Falloux pour

donner à son petit royaume l'unité et l'assainissement. Il convia à l'œuvre toutes les mains oisives, et bientôt, avec le travail, l'aisance et la moralité refleurirent dans cette région déshéritée. L'antique château fut restauré, et on ne tarda pas à venir, de très loin même, y admirer la chapelle, la bibliothèque, une galerie de tableaux de choix, l'ornementation intérieure, enfin, empreinte d'un cachet de noblesse et d'élévation morale vraiment saisissant.

Restait à exploiter le domaine après l'avoir reconstitué, œuvre de longue haleine qui ne coûta pas moins d'intelligence et ne rapporta pas au pays de moindres bienfaits que la première.

Mais si M. de Falloux demeura jusqu'au bout l'âme de l'entreprise, il est juste d'ajouter qu'une partie du succès doit être attribuée au précieux concours que lui prêta durant trente années un ancien élève de la Ferme-École de la Mayenne, M. Lemanceau, devant la supériorité duquel nul ne s'inclinait, d'ailleurs, de meilleure grâce que son maître lui-même. « Vous voyez là mon Richelieu agricole, dont je ne suis que le Louis XIII », disait-il un jour en montrant son régisseur à un étranger de marque qui s'extasiait devant les merveilles de sa vacherie.

C'est grâce, en effet, à la collaboration de cet excellent ministre au département de son agriculture que le châtelain du Bourg-d'Iré réussit à effectuer ce délicat croisement du Durham avec la race Mancelle qui a créé le type le plus parfait d'animaux de boucherie, et qui remporta d'emblée la prime d'honneur au Concours régional d'Angers de 1862. De pareils exemples, rehaussés par de pareils succès, répandaient au loin le goût des méthodes intelligentes et fécondes. M. de Falloux se plaisait encore à stimuler l'émulation par ses écrits, dont l'un (*Dix Ans d'agriculture*) est un vrai traité de *Re rustica,* mais dans le genre le plus élevé. Il se termine par ces réflexions d'une philosophie si pure et si pénétrante :

« Si l'on osait former un choix en matière de destinée, c'est probablement la vie des champs qui tromperait le moins d'espérances. Le vrai campagnard est en même temps actif et sédentaire ; sensible à l'honneur, inaccessible à l'ambition, il sert son pays sans quitter son foyer. Son corps est robuste parce que son âme est paisible. Jette-t-il son regard en arrière, il retrouve assurément des soucis ou des peines, mais point de regrets. Quand ses jours sont comblés, il laisse autour de sa tombe un honnête souvenir de deux ou trois lieues de circonférence et cette devise à ses successeurs : « Vivre en travaillant, mourir en priant » (1).

Étendre autour de soi le règne du travail et du progrès matériel, c'est faire œuvre utile sans doute ; mais à travers les corps qu'on allège, essayer d'atteindre les âmes pour les apaiser ou les guérir, voilà l'œuvre sociale par excellence. M. de Falloux avait le cœur trop chrétien pour l'oublier. Dès 1851, il avait fondé à ses frais, au Bourg-d'Iré même, une maison de retraite pour les indigents, avec pharmacie gratuite pour les pauvres du dehors, et quelque temps après s'organisait, grâce à ses soins encore, dans l'enclos de l'ancien château de Segré, un hospice auquel, souvenir touchant, il donna le nom de Swetchine. Largement pourvu avec le produit des ouvrages de son illustre amie, cet établissement put bientôt offrir asile à quarante vieillards.

Nous ne parlerons ni des écoles ni des autres fondations

(1) « Dix ans d'agriculture », dans *Études et souvenirs,* p. 209, 210. A lire encore dans le même volume : « L'Agriculture et la politique, 1866 ». M. de Falloux s'était, du reste, essayé depuis longtemps dans ce genre. On trouvera, en effet, dans l'ouvrage cité plus haut deux notices, l'une sur Olivier de Serres, l'autre sur Antoine Parmentier, destinées l'une et l'autre à la Société d'Agriculture, Sciences et Arts d'Angers.

de tout genre qu'il se plut à multiplier autour de sa résidence.
Bien des anecdotes attesteraient aussi la bonté de son cœur
et son exquise délicatesse. Il suffira d'en citer une entre
mille. — Un jour, on vient lui dire que les Petites Sœurs des
Pauvres d'Angers ont perdu durant une épizootie la bête qui
assurait le lait de tous les jours à leurs intéressantes pension-
naires. Il court chez la supérieure. Une religieuse annonce
M de Falloux, membre de l'Académie française. « *Non, ma*
» *Sœur*, répond-il, *je ne suis qu'un marchand de vaches, et je*
» *vous amène ma meilleure laitière ; seulement, pour ne pas changer*
» *ses habitudes, je fournirai sa nourriture.* »

Les loisirs que lui laissaient les soucis de l'agriculture,
M. de Falloux les consacrait aux lettres. Il en avait toujours
eu le goût très vif, et ce goût n'avait fait que croître dans la
retraite. Il y voyait pour lui-même un contre-poids néces-
saire aux préoccupations habituellement vulgaires de sa
nouvelle existence. Il croyait aussi que le culte désintéressé
des choses de l'esprit devient un exemple plus que jamais
opportun à répandre au sein d'une société travaillée jusqu'à
la mort par la fièvre dégradante des jouissances matérielles.

C'est par une biographie de Mme Swetchine qu'il voulut
inaugurer cette deuxième phase d'activité littéraire, juste
tribut payé à la mémoire d'une âme d'élite à laquelle la
sienne devait tant. Nous ne craignons pas de le dire,
quoi qu'en pensent certains lecteurs profanes, cette histoire
est attachante comme doit l'être un drame où la Providence
elle-même joue le principal rôle pour s'assurer, après mille
conflits d'intérêts et de préjugés, la possession d'une conscience qu'elle destinait à être bientôt le phare de tant d'autres.
D'ailleurs, quoi qu'il en soit de l'intérêt du livre, quand on
l'a lu en entier et qu'on le clôt sur cette adjuration de
Mme Swetchine, torturée et mourante, à son amie Mme de
Lillers : « *Ne demandez à Dieu ni un jour de plus ni une*

souffrance de moins » (1), on se dit que l'histoire d'une pareille âme méritait bien d'être racontée par une pareille plume.

A cette biographie était annexée une partie des œuvres : pensées, réflexions, petits traités de morale religieuse, qui montrent clairement que l'intelligence, dans cette femme supérieure, était au niveau du cœur.

M. de Falloux donna ensuite au public un volume de *méditations* et de *prières* précédées du *Journal d'une conversion*, que des esprits mondains jugeront peut-être quelque peu monotone, mais où les âmes pieuses sauront trouver à chaque page la manne cachée.

Enfin, la publication de deux volumes de lettres vint dignement clore la série d'hommages posthumes accumulés par l'affectueuse admiration d'un fervent disciple sur la tombe de la grande chrétienne. Nous y voyons Mme Swetchine en relations assidues avec les personnalités les plus distinguées de France et de Russie, et imposant de loin son ascendant magique avec autant de tact et de succès qu'elle savait le faire de près.

Nous avons déjà dit que M. de Falloux aimait avec passion les choses de la charité. C'est avec passion aussi qu'il en parlait. Témoin l'éloge enthousiaste qu'il nous a laissé de la Sœur Rosalie (2), femme héroïque à qui l'échec de l'opération de la cataracte n'arracha que cette plainte : « *J'avais trop de plaisir à voir mes pauvres !* » (3); témoin surtout cette belle vie d'Augustin Cochin, qu'il écrivit non moins pour perpétuer le souvenir des fondations généreuses

---

(1) *Madame Swetchine, sa vie et ses œuvres*, t. I, p. 486, lettre de M. de Falloux au comte de Montalembert.

(2) Dans *Études et souvenirs*, p. 105.

(3) V. *Études et souvenirs*, « La Sœur Rosalie ». p. 116.

que lui doit la ville de Paris que pour glorifier un compagnon d'armes tombé trop tôt, hélas! au champ d'honneur.

La couronne académique devait se placer, pour ainsi parler, d'elle-même sur un front qui en était si digne. Dès 1857, en effet, notre Aréopage littéraire s'était agrégé M. de Falloux, et le remarquable éloge du comte Molé, que prononça l'honorable élu le jour de sa réception, prouva d'une manière éclatante, même à ses détracteurs les plus acharnés, que dans le nouvel académicien le penseur et l'écrivain étaient à la hauteur de l'homme d'État.

Il nous resterait à dire quelques mots de l'attitude politique de M. de Falloux durant sa longue retraite. Car il était homme à mener de front, comme dit Tacite, des choses « maximè dissociabiles », et les longues heures que lui prenaient l'agriculture, les lettres ou ses œuvres de bienfaisance ne l'empêchaient pas de suivre d'un œil vigilant et inquiet les vicissitudes des affaires publiques. Mais on devinera sans peine les motifs qui nous imposent à ce sujet une extrême réserve.

Rappelons seulement, pour être complet, qu'avant l'avènement du second Empire, il s'engagea dans une vigoureuse mais stérile campagne en faveur de la fusion entre les deux branches de la Maison de France, et qu'après nos malheurs, il travailla avec non moins d'énergie, et sans plus de succès, à faire triompher les solutions transactionnelles dont, à son avis, dépendait le salut de la patrie. Bien qu'éloigné depuis longtemps des agitations parlementaires, il était néanmoins demeuré l'âme et comme l'oracle de son parti. D'ailleurs, à voir les coups que lui prodiguait l'ennemi, on ne pouvait douter que l'épée du vieux lutteur ne lui parût encore de quelque poids dans la mêlée.

Des deuils multipliés attristèrent son déclin. Il perdit en quelques années sa femme, un fils en bas âge, sa fille, et enfin son frère. Mais le malheur ne fit que rendre sa foi plus ferme et son espérance plus sereine.

Il avait demandé par testament que ses funérailles fussent aussi modestes que possible. Rien n'égala, cependant, leur magnificence, puisqu'elles furent escortées par l'hommage suprême du Chef de l'Église, par l'admiration des catholiques de France, par les larmes des pauvres.

Dévouement à la religion, dévouement à la patrie, telle est donc bien la double gloire qui couronnera cette mâle et noble figure. Telle sera aussi, nous l'espérons du moins, chers jeunes gens, la double leçon qui se dégagera pour vous de ce panégyrique. Que Dieu vous réserve une place parmi les princes de la milice sainte, ou qu'il ne vous assigne dans l'innombrable armée que le rôle grandement honorable, certes, de simple combattant, n'oubliez jamais que vous devrez être prêts à tout braver, non seulement les attaques furieuses de vos ennemis, mais même, s'il y a lieu, les aveugles colères de vos amis, lorsqu'il s'agira de servir les vrais intérêts de l'Église ou les vrais intérêts de la France.

Bordeaux. — Impr. gén. d'Émile Crugy, veuve Riffaud succ^r

www.ingramcontent.com/pod-product-compliance
Lightning Source LLC
LaVergne TN
LVHW021826170726
843503LV00007B/3338